AF356848

BEAUMAINE & Ch. BLONDELET

LA
PÉRI-COLLE

PARODIE DE LA

PÉRICHOLE

OPÉRA-BOUFFE DE J. OFFENBACH

Musique dérangée
Par Léon ROQUES

2 Hommes — 1 Femme

PARIS
C. JOUBERT, Éditeur, 25, rue d'Hauteville

NOTA

Pour la Partition Piano et Chant et les parties d'Orchestre, s'adresser à l'Editeur

C. JOUBERT, 25, rue d'Hauteville, PARIS

Tous droits d'exécution, de traduction et de reproduction réservés

LA PÉRI-COLLE

Parodie de la Périchole

PAR

MM. BEAUMAINE et Ch. BLONDELET

PERSONNAGES

PICADOS, chanteur ambulant .... MM. PERRIN.
LE CHATELAIN............... GAUTHIER.
LA PÉRI-COLLE............. Mme CHRETIENNO.

La scène se passe dans un vieux château du Périgord.

SCÈNE PREMIÈRE

Le Châtelain, *entrant d'un air affairé et parlant à la
cantonade.*

Allons, chantez, dansez, mes amis, c'est aujourd'hui ma fête;
je veux que tout le monde soit gai, — ab! quel travail! que celui
d'être châtelain et propriétaire de truffières abondantes et estimées,
avoir affaire à un tas de dénicheurs de truffes tristes comme des
bonnets de nuit, sous prétexte qu'ils ne gagnent pas assez et que,
moi châtelain, je mange de bons lapins sautés tandis qu'ils déva-
lisent mes gouttières pour faire des civets! Et, ce qu'il y a de plus
terrible, c'est que pas un ne grogne en face, personne n'ose me dire
la vérité.

Nº 1. — COUPLETS

(*Périchole.* — Offenbach)

Le Châtelain.

Comprend-on que dans mon domaine,
Le zèle de mes employés
Soit borné, voilà bien ma veine,
A me faire des pieds de nez.
Ils me blagu'nt, mais pour les entendre,
Dam! c'est peut-être un peu sournois,

> Je m'gliss', pour les surprendre (*ter*)
> En tapinois (*ter*).
> Un châtelain n'est pas sournois (*bis*)
> Quand pour surprendr' ses gens,
> Il court en tapinois.

(*Après le chant, on entend dans le coulisse un bruit de castagnettes, il regarde au fond...*).

Tiens ! des castagnettes, ce sont des guittareros espagnols. Appelons-les, ça pourra me distraire un peu. (*Il appelle*) Hé ! les chanteurs, par ici !

SCÈNE II

Le Châtelain, Picados.

Picados, *entrant, costume délabré de chanteur espagnol.*

C'est ici qu'on me demande ?

Le Châtelain.

Oui, jeune ténor ; mais vous n'étiez pas seul, ce me semble.

Picados.

Non, m'sieu, j'étais avec ma sœur.

Le Châtelain.

Et ta sœur, où donc est-elle ?

Picados.

Dans l'escalier, elle remonte ses bas.

Le Châtelain.

Je vous ai appelés pour me chanter quelque chose.

Picados.

Le temps (*Il montre sa guitare*) de m'accorder avec ma sœur, et nous sommes à vous.

Le Châtelain.

Elle est bien longue à paraître, ta sœur.

Picados

Je vais la hêler. (*Il appelle*) Hé ! la Péri-Colle ! la Péri-Colle ! (*On entend la ritournelle de l'air suivant*) Ah ! la v'là !

SCÈNE III

Le Châtelain, Picados, La Péri-Colle.

N° 2. — **Air de la Péri-Colle.**

(Léon Roques)

Place à la Péri-Colle (*bis*)
Fière de ses vieux oripeaux (*bis*)
Qui préfère son auréole (*bis*)
Ses chansons, aux plus beaux joyaux, (*bis*)
Place ! place ! place à la Péri-Colle !
Place à la Péri-Colle, la, la, la, la, la, la, la, la, ah ! ah !
Ah ! amour, glorieux mensonge,
Misère, amant aimé,
Voilà mon plus beau songe,
Et vive le pavé !
Voilà mon plus beau songe,
Viv'nt les joies du pavé.
Place à la Péri-Colle (*bis*)
Fière de ses vieux oripeaux (*bis*)
Qui préfère son auréole (*bis*),
Ses chansons aux plus beaux joyaux (*bis*),
Place ! place, place à la Péri-Colle,
Place à la Péri-Colle, la, la, la, la, la, la, la, la, ah ! ah !

Picados.

Bien ! la Péri-Colle, voilà de bons sentiments, mais dis bonjour au monsieur !

La Péri-Colle, *apercevant le châtelain.*

Ah ! la jolie pomme de canne !

Picados.

N'est-ce pas que c'est un joli marron sculpté ?

La Péri-Colle.

Amio caro.

Le Châtelain, *à part.*

Amio caro ! Elle parle l'espagnol de Pontoise. (*Haut*). Jeune manola du pavé, je désirerais être égayé par vos chants joyeux, j'ai dit à monsieur votre frère...

La Péri-Colle, *étonnée, à Picados.*

Mon frère...

Picados, *à part, à la Péri-Colle.*

Oui, j'ai dit que j'étais ton frère, on est toujours mieux reçu...

La Péri-Colle.

As-tu fini ? Pourquoi ne pas dire tout de suite que t'es celui qui doit faire mon bonheur, un jour.

Picados.

Oui, quand nous aurons 75 francs pour nous marier, ça coûte 75 francs. Oh ! la débine, la débine...

Le Châtelain.

Dites-moi donc, mes enfants, vous ne faites guère attention à moi.

La Péri-Colle.

Qu'est-ce qu'il y a pour votre service, brave homme ?

Le Châtelain, *la regardant et jetant un cri.*

Ah ! ça y est ! toqué, je suis toqué. (*Il danse*). Toc, toc, toc, toc et toc, toqué.

La Péri-Colle.

Eh ben ! qu'est-ce qui vous prend ? Est-ce que vous avez cassé votre bretelle ?

Le Châtelain.

Non, c'est l'amour qui vient de me donner un gnon sur l'occiput.

La Péri-Colle.

Si vite que ça !

Le Châtelain.

Parfaitement !... mais revenons à nos petites affaires, je suis amoureux de vous, c'est une affaire convenue, donc n'en parlons plus ! je vous ai appelé pour me distraire un peu, et si je suis content, vous n'aurez pas affaire à un ingrat. J'ai là dans ma poche une vieille pièce de cinquante francs.

Péri-Colle, *sautant dessus.*

Cinquante francs ! tiens, regarde Picados, voilà donc ce qu'on appelle cinquante francs.

Picados.

Dire que pour 25 francs de plus j'aurais le droit de t'appeler ma femme, oh ! mon amante !

La Péri-Colle.

Oh ! mon amant ! (*Ils se jettent dans les bras l'un de l'autre*).

Le Châtelain.

Touchante expansion d'un frère et d'une sœur.

Picados.

Nous avons donc dit que vous êtes le châtelain de l'endroit et propriétaire.

Le Châtelain, *l'interrompant.*

De toutes les truffières environnantes.

Picados.

Oh ! les truffes, bon nanan, ça.

La Péri-Colle.

Oh ! oui, les truffes sous la serviette, oh ! bon ça. (*Elle se lèche les doigts*).

Le Châtelain.

Vous aimez les truffes, mes amis ; eh bien, je vais vous en bourrer.

Picados.

Les truffes, mais il n'y a que ça.

Nº 3.— COUPLETS

(*Périchole.* — Offenbach)

Picados.

Quoi de meilleur pour un' gourmande
Qu'un excellent dindon truffé.
Dans un repas, qu'est-c' que demande
Le gourmet le plus fieffé.

Refrain

Des truffes ! des truffes !
Il n'y a qu' ça !
Tant que sur terre on mangera,
Et que l'on en dénichera ;
Des truffes, des truffes,
Il n'y a que ça,
Tant que l'on en dénichera
Il n'y aura que ça !

Le Châtelain.

Tenez, prenons un' jeun' personne,
Et d'mandons-lui : Qu'préférez-vous ?
Un joli garçon, ma mignonne,
Ou bien de la saucisse aux choux ?
(*Parlé*) Voilà sa réponse. (*Au refrain*) :

La Péri-Colle.

Qui fait le bonheur de la vie,
Lorsque l'on sait bien les manger,
Que faut-il lorsqu'on se marie
Dans l' cœur et le soir au dîner ?
(Au refrain).

Le Châtelain.

Parfait ! charmant ! mais je veux que vous me serviez un plat de votre métier, chantez-moi quelque chose.

Picados.

Tout de suite, allons la Péri-Colle, il s'agit de te distinguer, nous sommes chez un homme qu'a l' sac ; affûte ton diamant et donne-moi le *la*.

La Péri-Colle, *pinçant sa guitare.*

Voilà le *la* !

Picados.

Le goujon frit dans la saumure ou les amours d'un poisson, matelotte en deux couplets.

Nº 4. — MATELOTTE.

(Léon Roques)

Premier couplet.

Picados.

Un goujon frit qu'avait du chic, du ton,
Sans plus de façon courtisait une ablette ;
Faut que je t'épous', lui dit ce polisson,
Car c'est pour ça qu' tous les jours je te guette.
Oui mais l'ablett' lui répond sur-le-champ :
De m'sauver d' toi, mon bon vieux, il me tarde.
J' vais fair' la noce avec un beau hareng ;
Toi m'n époux t'en mangerais plus que d' moutarde.

ENSEMBLE, *très étonnés.*

Ah ! ah ! ah ! ah ! zim ! la, la, la, la,
Zim ! la, la, la, la, la, la,

V'là l'histoire véridique,
Authentique et magique.
Zim ! la, la, la, la, la, la,
Zim ! la, la, la, la, la, la,
Des amours d'un poisson l'histoir' la v'là, la !

Deuxième couplet.

L' goujon vexé, comme un honnêt' poisson,
S'en va s'loger dans la rue Contrescarpe ;
Voulant r'connaître un petit carpillon,
Il court offrir sa nageoire à la carpe.
Comme il était pané comme un vieux mur,
La carp' l' r'pouss', oui messieurs, c'est notoire.
Alors le goujon dans un baquet d' saumur'
Pique un' tête, et voilà la fin de l'histoire.

(Au refrain).

Le Châtelain.

Oh ! quel poème et surtout quelle musique chantée par une aussi jolie bouche.

Picados.

Le fait est que ma bouche n'est pas désagréable.

Le Châtelain.

Je me moque pas mal de ta bouche, c'est de celle de ta sœur que je viens de parler, de ses lèvres de roses, de ses dents d'émail.

Picados.

Dites-donc, avez-vous bientôt fini de passer la revue ?

Le Châtelain, *à part.*

Ah ça, mais il m'embête ce gros nigaud-là. (*Prenant la Péri-Colle, à part*) Dites-moi, j'ai à vous parler, envoyez-le donc chercher des cigares.

La Péri-Colle, *se redressant.*

Seule avec vous, vous ne le voudriez pas !

Le Châtelain.

J'ai à vous parler d'affaires d'intérêt.

La Péri-Colle.

Alors c'est différent. (*Haut à Picados*). Dis donc, Picados, va nous chercher un peu de mêlé-cassis et quelques cigares d'un sou, Monsieur nous offre la rincette.

Picados, *bas à la Péri-Colle.*

Je vois ce que c'est, moi, tu m'envoies chercher la goutte pour rester seule avec ce vieux polichinelle.

La Péri-Colle, *le cajolant.*

Va donc, nigaud, c'est dans ton intérêt ; ah ! que les hommes sont idiots, mon Dieu !

Picados.

Allons ! j'y vais, mais je ne serai pas longtemps. (*S'adressant au châtelain*) Dans quoi qui faut r'monter l' cassis ?

Le Châtelain.

Prends sur la cheminée cette petite bouteille.

Picados.

On y va. (*Il crie en sortant*) Enl'vez l' cassis ! (*Il sort*).

SCÈNE IV

Le Châtelain, la Péri-Colle.

Le Châtelain, *le regardant partir.*

Nous voilà seuls, à nous deux. (*Il tombe à genoux*) Oh ! merveille des merveilles, soleil qui vient réchauffer la palissade de mon crâne déplumé, veux-tu devenir mon amante ? Oh ! Péri-Colle, veux-tu remplacer ma défunte, enfin ? tu auras des diamants, des robes de soie en percale, toute la garde-robe de feue ma femme est à toi ; un bécot, un petit bécot.

La Péri-Colle, *d'un air hautain.*

Et les mœurs... monsieur, relevez-vous, si votr' maman vous voyait user les genoux de votr' pantalon, elle vous donnerait des calottes. (*Elle rit*). Ah ! ah ! vieux malin, tu voudrais faire de moi ta maîtresse, oh ! oh ! ah ! le vilain monsieur, oh ! qu'il est laid, eh bien ! que dirait Picados ?

Le Châtelain, *l'interrompant.*

Ton frère ! eh bien je prendrai soin de lui, il logera au château, j'ai là-haut un vieux mac-farlane que je ne mets plus... je lui en ferai cadeau pour s'en faire un neuf, il fera la noce du matin au soir et nous serons deux à l'aimer...

La Péri-Colle, *d'un air grave.*

Avant de vous répondre, j'ai besoin d'écrire.

Le Châtelain.

Ah ! à qui ?

La Péri-Colle, *relevant la tête.*

A ma blanchisseuse. (*Elle s'assied et écrit à la table*).

Le Châtelain.

C'est différent ! Ne la dérangeons pas dans son élucubration ; pendant qu'elle écrit, je vais mettre ordre à mes petites affaires, passer les bijoux de ma défunte au savon, ça les fera reluire davantage. (*Il sort sur la pointe du pied*). Ne faisons pas de bruit pour ne pas déranger les cordes de son imaginative. (*Il sort en fredonnant*) Ah ! qu'il fait donc bon, qu'il fait donc bon cueillir la fraise.

SCÈNE V

La Péri-Colle, *seule.*

(*Elle plie sa lettre qui est très grande*).

LA LETTRE DE LA PERI-COLLE

(*Périchole*, Offenbach)

Mon cher ami, c'est pas d' ma faute,
Mais je suis forcé d' te quitter.
Rien qu'en y pensant mon cœur saute,
Mais il n'y a plus à balancer.
J' trouve' quelqu'un qui m' cède ses meubles
Et me prend pour le bon motif,
A mon nom il pass' ses immeubles,
Tu comprends qu' c'est du positif.
Song' donc que j' n'avais plus d' bottines,
Toi plus d' bottes et plus d' pantalons,
Et qu' nous faisions de drôl's de mines
Avec nos souliers sans talons.
J'te r'grett'rai, car t'es un bel homme
Avec ton facies vermeil. O Picados, à toi la pomme,
J' pourrai pas trouver ton pareil.
Mais c'est parler pour ne rien dire,
J' t' donn' ton sac bien carrément.
Ah ! prends pitié de mon martyre
Et loin d'ici fiche ton camp.

J' t'aime toujours, va, c'n'est pas un' colle,
Et quand j' s'rai dans mon mobilier
J'aurai toujours, foi d' Péri-Colle,
Ton portrait sous mon oreiller.

(*On entend fredonner Picados dans la coulisse*).

La Péri-Colle.

Mais voici Picados... qu'il ne me voie pas... Allons, le sort en est jeté (*On entend le châtelain crier « Péri-Colle, Péri-Colle !*») Me voilà, vieux singe. (*Elle entre à droite*).

SCÈNE VI

Picados, *seul un peu ému.*

Je suis resté un peu longtemps, parce que j'ai bu un bitter avec le liquoriste ! Cassis demandé ! voilà ! (*Il regarde*) Tiens ! personne. (*Il appelle*) Péri-Colle, Péri-Colle, ah ! mon Dieu ! est-ce qu'elle aurait disparu, oh ! le cœur me fait tic, tac, (*Il pose la main sur la table*) (*Il ouvre et lit : Trémolo à l'orchestre*).

« Je vais te quitter... ce n'est pas ma faute... mon cœur saute, et foi de Péri-Colle, j'aurai toujours ton portrait sous mon oreiller. »

(*Jetant un cri*) Ah, ça ! ça passe les bornes ! une femme pour qui j'ai tout sacrifié, car enfin, tel que vous me voyez, j'ai refusé une marchande de tabac qui voulait me couvrir de roupies, et ça pour être l'esclave de cette femme, pour être son nourrisseur, car c'est moi qui faisais la pot-bouille ; et ne plus la voir, non c'est impossible ! la mort est préférable, j'aime mieux en finir par une pendaison... non... oh ! quelle idée, voici un miroir, j'ai justement sur moi un pistolet chargé ; je vais me placer devant cette glace, je tirerai dessus, et de cette façon je me brûlerai la cervelle sans me faire de mal (*Il se place devant la glace*) En joue, feu ! (*Il fait feu et tombe à la renverse ; au bruit de la détonation, Péri-Colle et le châtelain rentrent*).

SCÈNE VII

Le Châtelain, *entrant à gauche*, **La Péri-Colle**, *couverte de diamants entrant à droite*, **Picados**.

La Péri-Colle, *courant à Picados et le relevant.*

Malheureux ! qu'as-tu fait et que veux-tu faire ? Dans mes bras, imbécile, dans mes bras.

N° 6. — MAUVAISE PLAISANTERIE

(Léon Roques)

Picados.

Arrière ! malheureuse !

La Péri-Colle

Ne me repousse pas, ne me repousse pas,
Grâce ! grâce !
Pour toi-même, pour toi-même ,
Et grâce, et grâce,
Grâce pour moi.

Picados.

Dit's moi, madam', pour quel mérite,
C'vieux singe vous a t'y donné ça.
A peu de frais, on n'en est jamais quitte,
Pour ces diamants tout n'finira pas là.
Oui, c'vieux sécot vous d'mand'ra l'prix d'tout ça.
Ce beau brac'let qu'à ton bras il attache,
Va, tôt ou tard il te faudra l'payer.
Tu baiss's la tête. Eh ! bien ! cell' qui la cache,
N'est pas digne de le porter.
Ot' ce brac'let, tu n'dois pas le porter.

(*La Péri-Colle danse la mazurka avec le châtelain pendant la ritournelle*).

La Péri-Colle.

T'as raison, mon Picados, en chasse les bijoux, vive mes oripeaux! Tenez, monsieur le châtelain, reprenez tout ça, j'aime mieux mon Picados, ma gaîté et mes chansons.

Le Châtelain.

Votre Picados, alors ce n'était donc pas votre frère... ?

La Péri-Colle.

Mettez donc vos besicles, vieux myope, c'est mon prétendu.

Le Châtelain, *avec explosion.*

Gardez-les, la Péri-Colle, ce n'est pas un grand sacrifice pour moi, ils sont en strass ; votre conduite me met la larme à l'œil, amis, vous allez voyager, permettez-moi de vous accompagner.

Picados, *à part, à la Péri-Colle.*

Dis donc, est-ce que nous nous chargeons de c'te vieille potiche?

La Péri-Colle.

Laisse donc, nous le déposerons à la première station.

Picados, *tendant la main au châtelain.*

Acceptée, ton offre, mon vieux.

Le Châtelain.

Merci, Picados, je ferai ma partie dans vos trios. J'ai justement une vieille guitare qui me vient de défunt mon oncle, je vais la quérir (*Il sort et rentre aussitôt*).

Picados.

Eh bien ! Péri-Colle, grâce à ce vieux, nous allons avoir des monacos, ce qui te prouve...

La Péri-Colle.

Ce qui prouve que la morale de la chose est qu'il vaut mieux chanter devant des gens au sac... que devant des panés.

Le Châtelain, *qui est rentré.*

Allons, en route, enfants ! (*A la Péri-Colle*) Je serai votre protecteur.

Picados.

Eh ben ! et moi qu'est-ce que je serai...

La Péri-Colle, *en souriant.*

Toi, tu seras mon valet de cœur.

N° 7. — FINAL.

(*Périchole.* — Offenbach)

ENSEMBLE

Nous f'rons d' l'argent (*ter*)
Car nous n' sommes pas des gnols,
Gno, gno, gno, gno, gno, gno.
Nous f'rons d' l'argent (*ter*)
Car nous n' sommes pas des gnols.

Grande Imprimerie du Centre, HERBIN. — Montluçon

* 9 7 8 2 3 2 9 4 5 6 7 5 1 *